불 꺼진 너의 단어 곁에서

몰개시선 006

불 꺼진 너의 단어 곁에서

박상봉 시집

몰개

시인의 말

잡풀 우거진 문장을 밟고 구두(口頭)를 신고 걷다 보면 종이 위를 걷는 것이 아니라, 입속의 흙길을 걷는 일 같다. 말마다 뿌리가 있고, 그 뿌리에 엉겨 붙은 흙이 있다. 문장 하나하나 밟으면서 혀를 흙 묻은 신발처럼 털어내야 한다. 문장은 늘 정리되지 않은 길이다. 아직도 지나가고 있는 발자국의 현재진행형. 구두가 돌을 밟을 때마다 부서진 말들이 튄다. 때로는 말이 너무 무거워 발이 빠진다. 진창 같은 문장 속에서 문법이 미끄러지고, 의미는 발목을 잡는다. 신발을 벗고, 맨입으로 걸어야 했다. 입말은 늘 흙냄새가 났다. 구두의 밑창이 닳듯, 입천장도 닳아간다. 반복된 말이 남긴 마모의 흔적이 내 시의 표면이다. 어떤 날은 문장이 길을 거부한다. 종이가 스스로 허리를 접고, 단어들이 행간을 밀어낸다. 구두는 점점 해지고, 혀는 더 단단해진다. 소리의 그림자를 밟으며, 귀 없는 언덕을 올라갈 때 잡풀 속에서 단어 하나가 피어난다. 조용히 신발을 벗는다. 발과 입이 하나가 되는 순간이다. 그제야 문장은 다시 길이 된다. 풀잎이 발끝을 간질이고, 내 안의 바람이 말을 잇는다. 걷는다는 것은 결국, 말의 세계를 지나 몸으로 돌아오는 길이다.

2025년 12월
박상봉

차례

시인의 말 5

1부 햇볕 한 뼘 더

박꽃 13

이명 14

빈방 16

그 여름의 문밖 18

무밭 21

짐 자전거 22

봉지 날다 24

고양이 의자 26

빗소리의 잠언 28

물소리 생태숲 30

폐염전 32

풍각 오일장 34

죽방렴 36

2부 몰약 같은 가을의 사랑

앵강 연서 41

화양연희 42

인월 44

내가 아이일 적에 46

블라디보스톡에서 기차를 기다리며 48

앵강다숲 꽃무릇 50

시락국 52

가을의 사랑 54

콩나물 국밥 56

불 꺼진 너의 단어 곁에서 58

저녁의 점자 60

돌배나무 아래 62

우리 함께 냉천 갈 때 64

3부 해가 뜨는 일

맴섬   69

맛鮮生   70

땅끝에 가면   72

땅끝 바다   74

땅끝 걷기   76

먼 섬마루에 저녁 해 걸어두고   78

물방울 같은 것   80

달의 입술   82

거미줄 놀이   84

몰개의 아침   86

도토리 산책   88

청음   89

4부 끝내 들리지 않는 너의 말

곡우 95

벅문 96

무릎 베고 98

청음 100

청음 102

녹우당 105

연못의 구조 106

머위 108

연동 110

못 하나 113

무지개 117

닫히지 않는 문장 118

붓꽃 120

발문 소리의 경계에 귀를 대는 간절함·이하석 122

1부
햇볕 한 뼘 더

박꽃

푸른 아우라에 둘러싸인 박꽃
스물두 살에 낳은 딸아이
둥글게 떠오른다

오래전 내 품 떠났지만
지금도 명치끝
콕콕 아파 오는데

깜박 졸다 깨어보면
팥알 같은 내 젖꼭지 빨며 자던

그 아이

건넛집 지붕 위에 달 떠오르면
달, 달, 둥근 딸

투명한 물방울 자궁으로

나를 낳았다

이명

종종 소리가 안 들기오
물에 잠긴다는 것이 얼마나 두려운 일인지 아오

어린 시절 강물에 빠져 죽을 뻔한 경험이 있소
코와 귀에 물이 찬 상태로 제때 치료받지 못해 청력을 잃었소

오랜 세월 말귀 알아듣지 못했소

가끔은 기적이 일어나기도 하오
어느 날 갑자기 소리가 크게 들리기 시작했소

스무 해 넘게 써온 보청기 서랍 속에 넣어두고
지금껏 다시 꺼내 쓸 일 없었다오

전 생애는 어두운 그늘 짙게 드리워 있었소
하지만 그늘 속은 초록이오

차양을 들추고 초록으로 들어와 보오

너르게 펼쳐진 풀밭 넌출거리는 초록 너머

아이들 떠드는 소리 가깝게 들리잖소

빈방

엄마가 꽃으로 팔려가고 없는 빈방

벽면 구석에 우두커니 서 있는
거울의 아이를 은밀히 만나는 시간

식구의 슬픔을 서러운 눈빛으로 지켜보던
눈동자 이글이글 타오르면

불꽃의 심지는 바람이 자는 쪽으로 눕고
그 옆에 나란히 찬 몸을 누인다

엄마가 벗어놓고 간 꽃무늬 팬티로
유리의 눈물 닦아내고

손바닥으로 헐렁한 배를 쓸다가
바지춤 사이로 햇볕 한 뼘 집어넣는다

엄마가 왔을까 창호지 문틈으로
울고 있는 바람

유리를 닦던 바른 손이
문밖으로 어둠 밀어내면 해 질 무렵
눈물은 한층 더 선명하게 반짝이는데
벽지는 왜 자꾸만 별을 꺼트리는 걸까

곰팡이 덕지덕지 들러붙은 사람 없는 방에서
거울이 젖은 팬티 쥐어짜며 구슬피 울고 있다

그 여름의 문밖

하루를 다 견디고 나서야 비로소
여름이라는 걸 알게 되었어

덥고 숨 막히는 오후였지만 너의 숨결은
그 모든 것을 덮어주는 바람 같았어

우리는 선풍기 앞에서 서로의 이름 부르며 오래된 노래로 입 맞추었지

노래는 멈출 수 없는 여름의 반복이었고
나는 한 줄기 땀방울 따라 너를 사랑하게 되었어

햇살보다 먼저 찾아오는 너의 발소리에 익숙해졌지
동시에 매번 놀란 것은 사랑이란
같은 순간을 늘 다르게 만드는 계절이구나 싶었어

그날의 얼음이 다 녹기 전 우리는 사탕 하나 나눠 먹으며
서툰 농담으로 서로를 웃겼지

그게 전부였지만, 전부여서 벅찼어

이젠 어떤 계절이 와도 너 없는 여름은 다시 오지 않을 거 같아
그 여름이 우리의 첫사랑이었고
첫사랑이 너였다는 사실만으로도 나는 여전히 해마다 여름을 기다리고 있어

불안한 구름 사이로 네가 걸어 나올 것 같은 예감
비가 내릴 듯한 하늘 아래 마음이 또 젖고 있어

너는 말했지, 언제나 처음이 제일 뜨겁고 그래서 제일 오래 가슴에 남는다고
나는 그 말뜻을 여러 해가 지나서야 알았어

사랑은 어느 한 계절에 머무르지 않고 시간을 헤엄쳐 다가오는 것
여름이 다른 계절의 모서리로 스며드는 일
너는 지금도 내 안에서 불쑥불쑥 여름으로 피어나지

너와 함께한 첫 여름은 내게 다가올 모든 사랑을 물들여버렸고
그 여름의 문밖으로 아직도 빠져나오지 못하고 있는 것 같아

무밭

　무밭에 쪼그려 앉아 있다 보면, 등줄기 땀이 줄줄 흐르는데 내 마음 뿌리도 조금씩 드러난다. 무청 툭툭 털면 흙이 박혀 거칠고 갈라진 손에서 물 냄새 땅의 냄새 섞여 났다. 뭇국을 끓이면 냄새는 냄비 속에서 다시 피어났다. 소금간도 하지 않고 끓인 국이었지만, 뭇국에는 늘 엄마 손의 짠맛이 배어 있다. 내가 앓던 밤에도 엄마는 무를 썰었다. 차가운 무 강판에 갈아 약처럼 먹이던 손길, 입 안이 얼얼했지만 묘하게 속은 편안했다. 무라는 것이 꼭 사람 같다고 느낀 건 그때부터. 상처가 나도 그냥 두면 다시 자라났고, 뿌리째 뽑혀도 국물이 되어 누군가의 속을 데워주었다. 살아 있다는 건 뽑히고 썰리고 끓여지고 먹히는 것. 무를 다 뽑은 자리에 다시 무를 심고, 그 자리에 엄마의 기척을 남겨두었다. 무를 썰던 손, 뭇국 냄새, 그리고 뜸 들인 말들. 근심을 뽑아먹고, 뿌리 내린 슬픔을 해장하듯 씻어내는 일. 엄마는 무였다

짐 자전거

연대보증 섰다가 명퇴금 다 날리고
남은 개똥받이 한 뙈기 팔아 재래시장에서 채소 장사 시작한 아버지

그마저 실패하고 마지막 밑천으로
낡은 짐 자전거 끌고 밤늦도록
이 동네 저 동네 생선 팔러 다녔어

새벽부터 싣고 다닌 마른 명태 꾸러미
잠깐 오줌 누고 온 사이 누군가 몽땅 들고 달아나버렸다는데

아버지는 소리 내어 맘껏 울지도 못하고 남몰래 흔들리며
등 굽은 어깨 너머 노을처럼 저물었다

바람이 숭숭 들락거리는 단칸방에서
혼자 식은밥 떠먹다가

덜거덕 덜거덕 텅 빈 짐 자전거
문간에 들어서는 소리 들리는 것 같아

달빛 뚝뚝 떨어져 내리는 골목길 내다보면

시린 발 동동거리는 퀭한 북어 눈이 되었다

봉지 날다

공중에서 물장구친다
땅으로 내려오기 싫은지 공중에서만 논다

건물 창유리와 가로수 이파리 쪽으로 곤두박질치기도 하지만
비 내리면 젖어 하염없이 웅크린 몸으로 유배되는 봉지

억누르고 눌린 비닐봉지다
핏기 뽑아버린 빈 봉지 몸통 너머 세상이 보인다

큰키나무 넘어 하늘 높이 사무쳐 오르다가
땅속 깊이 뻗쳐 내리다가
나무의 팽팽한 긴 가지 끝에 와 덜컥, 안긴다

오갈 데 없는 찢어진 봉지
더는 밀고 갈 힘 없어
비바람에 송두리째 나무에 등 기대고 머물다가

만 리 밖에서 바람이 부르면

후득 후드득 깃을 털며 저문 언덕 넘어 간다

바람의 어깨를 깨물고
울창한 공기의 숲으로

기억의 절벽 딛고
하늘 자락 붙들고 일어서는

꿈틀꿈틀 솟아오르는 봉지는

팔뚝보다 질긴 근육을 가졌다

고양이 의자

의자가 앉아 있다

아파트 쓰레기장 헌옷수거함 곁에
시트가 떨어져 나간 의자가
오래된 주화처럼 녹슬고 있다

다리 한쪽이 기울어진 채 버려진 다른 의자는
누군가 앉았다 간 궁둥이의 온기를
낮잠 자는 고양이와 나누는 중이다

쓰레기 분리수거장 바깥에 유모차 한 대
시동 끄고 색이 바래고 있다

쿠션은 아직 유지되고 있는 듯
운전석에 용케 올라앉은 고양이
생애 가장 편안한 자세로 졸고 있다

더는 쓸모없는 폐품이지만
한가한 낮에 오수 즐기러 나온 고양이는

시방 고급 침대 이상의 호사 누리는 중

낮잠 깬 고양이가 갑자기 액셀 밟고
부릉 부르릉 초록 봄 길 향해 속도를 내기 시작한다

안전띠도 매지 않은 채 지그시 눈 감고

니야옹 니야옹

젖이 마른 엄마를 필사적으로 빨아댄다

뾰족한 입술
햇볕 한 뼘 더

빗소리의 잠언

비 내리는 창가에 앉아
고요히 사색에 빠져보면 안다

빗소리가 한갓진 데서 새도 열매도 키워내며
나무를 자라게 한다는 사실

두물머리 쪽으로 느릿느릿 떨어지는 노을이

비를 데리고 왔다

빗소리가 나를 듣고 있다

가깝거나 먼 상념을 뒤적여도 좋을 젖은 시간

두 손 바들거리며 허공을 잡은 꽃이 벽을 기어오른다

지구는 온통 헝클어진 실뭉치다
실뭉치 속 작은 진드기 한 마리 길을 가고 있다

저리 더딘 걸음으로 언제 목적지에 다다를 수 있을까
슬며시 걱정되기도 하는데
진드기는 그래도 안간힘 내어 부지런히 걷고 있다

어디로 향해 가든 엎드려 온몸 땅에 붙이고
 나아가는 작은 것이 물생간(物生間)의 살아가는 이유
아닐까

진드기의 느린 보행 앞에 공손히 머리 조아린다

물소리 생태숲*

노란 울타리로 이어진 오솔길 걷다 보면
숲 한복판의 문 앞에 다다른다

먼저 조심스레 노크한다
나무에게 숲에게 계곡에게
들어가도 될까요? 물어보는 신호다

노란 문 열고 들어서는
새소리길 바람소리길 물소리길 이어지는 생태숲

귀로 듣던 세상의 온갖 소리
손끝으로 더듬어 읽으며
한 걸음 한 걸음 다가서면

모시 적삼 안섶

나무의 봉긋한 맨살 만져 볼 수 있다

---

*경북 김천시 삼도봉 자락에 있는 시민들을 위한 산림 휴식 공간으로 조성된 숲.

길 잃고 헤매다 만난
빽빽한 나무들 사이 불쑥 비어 있는 공간

누군가 베어낸 자리거나
병든 나무가 스스로 쓰러진 흔적
처음부터 아무것도 자라지 않은 빈자리

숲은 공백을 껴안은 초록 주머니

폐염전

소래 갯골에 철없는 망둥어 뛰는 소리

소금물 들이켜 빨갛게 불타는 함초
가을바람에 장단 맞추는
엷은 보랏빛 갯취 높게 자란 물억새

물질 멈춘 물레방아 무자위는 거미줄에 감금되고
주인 없는 소금창고에 빛바랜
장화 한 켤레 버려져 있다

삭은 양철 지붕 사이로 길 잃은 구름
갯벌에 작은 방게 들락거린다

세상에서 제일 짠 소금이 되어
고등어 뱃속을 염장하고

비린내 없애는 조미의 율법으로
상하기 쉬운 것들 위에 뿌려져

부패를 막던 청염의 흰 소금은
이제 소래에 나지 않는다

수인선 협궤열차는
소금꽃 빛나던 시절의 무게를 나르고 사라졌다

소래라는 곳, 우리 사랑 끝난 지점

아픈 가슴팍 해무가 낮게 깔린 저녁
협궤열차 지나가던 침목의 녹슨 못이

소래 갯골의 바람을 짜게 붙박고 있다

풍각 오일장

파장 무렵 외로움 한 되 팔았다
손목 붙잡고 금세 따라갈 듯한데

쓸쓸은 뼛속까지 스며든 광물처럼 쉽게
뿌리 캐낼 수 없는 물질이라

오래된 눈물만 무겁게 쌓아놓는다

이별은 흩날리는 장터의 먼지처럼 흔해
아무도 흥정해오지 않는다

책도 제법 팔았지만, 책장은 텅 비어도
머릿속에 남은 문장들은

내 안에서 오히려 더 단단히 뿌리 내린다

나는 종종 그 문장들 속에서 길을 잃고
빈손으로 돌아온다

봄은 어디서나 쉽게 팔리는 빛깔이라
꽃잎 몇 장만 얹어도 모두 기꺼이 사 간다

그러나 겨울은 팔기 힘든 물건이다
추위와 눈발은 누구도 소유하려 들지 않기 때문

오일마다 찾아오는 풍각 장날
흔들리는 좌판 앞에 앉으면
무엇을 내어놓고 어떻게 흥정할지
어디까지 버릴지 망설인다

오늘은 팔리지 않은 추위만 싸 들고
집으로 돌아가지만

내일은 또 다른 계절을 장마당에 펼칠 것이다

죽방렴

연륙교 건너 다랭이마을 앞 바닷가
왕후박나무 널찍한 그늘에
짙은 갯내와 엷은 풀 냄새 풍긴다

물살 센 남해의 바닷물에 잠긴 죽방렴
깊은 말뚝에 앉은 물새 한 마리

마음이 드나드는 물목에서
싱싱한 멸치 떼 한 동이 건져 올린다

지족해협 길섶에 유자나무 흰 꽃
흐드러지게 피어 있는 오후

죽방렴에 갇힌 멸치 떼의 파닥거림이
그토록 찾던 시의 형상일까

날물과 들물 사이
비린내 나는 시 한 동이 건지려 언어떼 몰고 오는
연직의 바람막이 그물 펼쳤다

설천* 들머리에 흰 눈 흩날리면
그물에 걸린 시어가 멸치 떼 비늘처럼
반짝, 반짝 눈부시다

대기에 떠 있는 모래 입자는
빙정의 씨앗일까

남풍이 남면에 내리면
겨우내 품고 있던 붉디붉은 사랑

툭툭 내려놓는 동백

어쩌자고 이 마음 이리 아리게 하나?

---

*경남 남해군 북단에 있는 면 소재지. 다른 뜻으로 눈이 내리는 날, 또는 눈이 내리는 하늘을 의미한다.

2부
몰약 같은 가을의 사랑

앵강 연서

지금 당신은 없지만

꽃무릇 눈 속에서 붉었지요

늦게 도착한 우체통에 쌓인 편지

이제사 읽어요

당신의 문장은 앵강만 가득

꽃무릇 물결로 출렁이고

어디로 가나 골짝마다

편백으로 서 있었지요

화양연희

연희*의 앞뜰엔 목련이
목필(木筆)로 봄을 베껴요

창틀에 턱을 괴고 앉은 바이올린이었을 때
봄바람 집게손가락 세우고
지그시 활을 그을 때

비브라토 울음 우는 하얀 꽃잎이
눈물 떨구는 소리 들었는지요, 당신

연희는 내 불면증의 밤들이라고
담벼락에 손자국 남기고
책장을 덮을 때 봄날은 다 저물었지요

일흔 아흐레 지나고 마지막 날
돌계단과 나무 벤치, 소나무 오솔길에
오목하니 내려앉은 샛노란 느낌표

---

*서울 서대문구 연희동에 있는 창작촌.

연희와 나눈 짧은 밀어를 씹으며
화양연화도 끝나는 걸 짐작했지요

하지만 단 하루도 당신을
사랑하지 않은 날이 없었다는 말
남기지 않고는 연희를 떠날 수 없어요

인월

기다리지 않아도 오는 소식이 있다

강물 풀리고 제비가 울면 초록이 고개 처들고
떨리는 나뭇잎 사이로 다가오는 그림자

쉰 해가 되기 전 겨울을 넘기지 못하고 떠난 사람
손 내밀어도 저만치 비켜 서 있을 뿐

네가 들려준 이야기만 밤하늘 별이 되어 떠돌다가
품 안으로 떨어져 그대로 절벽이다

저녁이 와도 그림자는 사라지지 않고
잎새에 맺힌 이슬 아직 차갑다

네가 알려준 별자리의 행로 머릿속에 그려보지만
방향을 알 수 없는 바람만 스쳐 지나가고

모든 것이 조용하게 살아 움직이는 숲속으로

네가 내게로 올 때 잔가지 흔들리는

인월에 눈 뜬 잎새의 속삭임
봄볕을 듣지 않으려 애쓴다

내가 아이일 적에

나는 늦된 아이
장갑 낀 손 움켜쥐듯 말을 품고 살았어

어떤 말은 끝내 혀끝까지 오르지 못하고
손바닥으로 가슴팍만 두들겨댔지

깍지 낀 주먹 불끈 쥐고
호주머니 속에서 찾아낸 작은 동전 같은 말

길 위에서, 밤의 모퉁이 정류장
낡은 의자에 쪼그리고 앉아 아이를 기다렸어

누군가 필요로 하면 내가 익힌 말 내어주려고
덕분에 몇 마디 더 배워 한 단어씩, 사전이 늘어갔지

말이란 그저 그런 것
끝내 말하지 못하더라도 가슴에 품고 있기만 해도
내게 먼저 따뜻함이 되는 것

추운 겨울날, 장갑을 벗고도 손 시리지 않을 때

천천히 입 열어 가장 낮은 목소리로

꽃망울 또렷한 말 한마디 꺼내 보일 거야

블라디보스톡에서 기차를 기다리며

너를 버리고 떠나는 건 아니었어

블라디보스톡에서 기차를 기다리는 건
단지 더 넓은 사랑이 필요했기 때문

지도에서 말라붙은 반도의 옆구리
남과 북이 아닌, 나와 너
사랑과 혁명 사이에 선 채
나는 국경을 통과하는 꿈을 꾼다

비자는 없다, 허락도 없다
하지만 마음은 오래 전부터 대륙을 횡단하는 일이었어

블라디보스톡에서 하바로브스키까지
끊이지 않는 이별의 곡선 수없이 접힌 접경의 밤마다
철조망 대신 입술을 꿈꾸었지

너는 묻는다

왜 블라디보스톡이냐고
왜냐면 거긴 방향이 없기 때문이야

적도도 아니고 북극도 아닌
달리는 바람과 기차의 속도뿐
사랑은 그렇게 경계를 잊는다

만약 기다리는 동안 아이가 태어난다면
나는 성별을 묻지 않겠다

그 아이가 시를 쓴다면
반도에서는 금지된 단어로 된
그 시를 읽으며 눈물 흘릴 것이다

눈물이 국경을 지울 수 있다면 얼마나 좋을까
블라디보스톡에서 기차를 기다리는 것은
도착하지 않을 걸 알면서도
사실 너를 기다리는 일

앵강다숲 꽃무릇

앵강다숲*에 다시 찾아갔다
계절은 바뀌었고 꽃들은 저만큼 멀어졌다
함께 있던 동무들도 어느새 각자 다른 길로 떠났다

아픈 아이 걱정하며 둘러앉은 식구처럼
통증을 비워버린 소주병이 풀밭에 나뒹굴고

대답 없는 시간이
앵강다숲이 내게 주는 말이라면
해거름녘, 붉은 꽃들에 대해 아무 말 하지 않으리

너에게 내 몸을 열고
다숲에 앵겨 나누었던 혀의 밀어

지나간 시간은 언제나 그렇게 멀어지기만 하고
그때 그 꽃들이 왜 그렇게 붉었는지

---

*남해 앵강만 자락의 숲마을.

파도 타고 밀물이 들어와 머물다
썰물 빠지면
세월의 미련 같은 물고기 몇 마리 남겨두고 가는
구름을 탓해야 할까

갯벌에서 바지락 캐던 아낙은
고기잡이 다녀온 사씨 남정네 따라갔는지
나란히 손잡고 가천다랭이 노을 보러 갔는지

구름의 행방 알 수 없는 고요의 끝
바람은 우산을 뒤집으며 잿빛 하늘을 가렸다

양 떼처럼 몰려오는 구운몽

질풍을 끌고 다니는 노도에 내리꽂히는 빗줄기

뾰족하게 아팠다

시락국

비는 색종이처럼 젖은 오후를 접고
역전식당 문 앞으로 발길 이끌었다

무쇠솥에 시락국 끓는 냄새
눈물보다 더 뜨거운 김이 올라왔다

어린 시절 엄마가 시장 가서 시래기 좀 주오니라, 하면
득달같이 달려가 시래기 한아름 안고 왔다

시장 바닥은 채소의 탈의실
지천으로 나뒹구는 배추 겉잎과 무청들이 누워 있었다

그것들을 걷어 품었다
멸치 육수에 된장 한 점 풀고
식은밥 한 술 띄우면
국이 아니라 기도가 끓기 시작했다

지금도 배추 이파리 줍는 꿈 자주 꾼다
푸르름은 사라졌지만,

기억은 여전히 끓는 시락국 찾아다닌다

시락국은 가난의 조각
그릇마다 울컥이 담겨 있다

사는 건 매일 국 끓이는 일
시래기 같은 기억과 된장 같은 말
식은 밥 같은 감정을 불 위에 얹는다

그리움이란 양념은 맨 마지막에 넣는다
너무 오래 끓이면 눈물 나니까

가을의 사랑

나는 생각한다 키스와 침대
빵을 나누는 사랑을*

노트에 적어놓은 흘림체
밥 대신 꼭꼭 씹어먹는 저녁
잊혀가는 이름처럼 벽에 박힌 쇠못 하나
쓸쓸히 구문이 되고 있다

종일 비 오고 마음 깊숙이 들어와 젖는
너의 모습 보이지 않는다

발아래 흐르는 강물 물끄러미 바라보는 동안
귀뚜라미 우는 소리 성스러운 저녁이 강을 건너고 있다

오래전 종적 감춘 그의 소식이
종려나무 잎사귀 잔잔하게 흔들기도 하는 날이다

---

*얀 네루다, 「나는 생각한다」 중에서.

저무는 숲길 돌아 나온 바람이 손목 간지럽히며
세상 모든 창을 넘는 가을이었다

나무 그늘에 앉아 가끔 시를 읽다가
가끔 그를 덮어두었다가

일생에 한 번도 가지지 못한 가을이 손끝에 닿을 때
책갈피 넘기는 손가락이 자꾸만 바스러지는 절기

묘한 몰약 같은 가을의 사랑은 마냥 한가해서 좋았다

콩나물 국밥

꼭두새벽에 콩나물 국밥 사러 간다

아내가 또 아프다
약 먹어야 하는데 속이 쓰려 밥도 약도 못 먹겠단다

아랫동네 24시 콩나물 국밥 한 그릇 사다 줄 수 있냐고 보채
산책 삼아 길 나섰다

드문드문 오가는 사람들 표정
핼쑥하게 자라난 콩나물 같다

아내 얼굴은 콩나물 대가리보다 더 노랗다
항암 치료로 나무꼬챙이 따로 없다

벌써 가을이 문밖에 와 있다
푸르고 싱싱하던 것들 긴 잠들고
나뭇잎 떨어지는 다른 세상이 깨어 있다

아프게 비 맞으며
콩나물 국밥 한 봉다리 사 들고
집으로 돌아오는 길

검은 먹구름 잔뜩 낀 해 없는 날
물만 먹어도 잘 자라는 콩나물
희미한 빛 한 줄기 발끝을 세운다

불 꺼진 너의 단어 곁에서

어떤 밤은 불 켜지 않아도 데워진다
어떤 문장은 읽지 않아도 종소리 울린다

말하지 않은 고백의 뒷면 같은
문장은 늘 타이밍을 잃고 도착한다
그래서 말이 늦었을 뿐
사랑이 아니었던 건 아니다

어떤 마음은 말이 되는 걸 거부한다
손을 덥히는 잔 속의 김처럼
공중으로 조금씩 사라진다

너를 위해 쓰는 줄 알았던 문장은
결국 나를 살리기 위한 문장이었어

어쩌면 우리는
같은 문장을 서로 다른 시간에 읽는 사이일지 모른다

말을 잃고 나면 다른 문장이 끓는다

문장 없이도 사랑할 수 있다는 것을 알게 된

나는 여전히

불 꺼진 너의 단어 곁에 있다

저녁의 점자

저녁의 뒷잔등에 기대어 지는 해를 바라본다
무거운 하루가 걸쳐둔 겉옷 닮은 노을이
창틀 위에 주름을 남긴다

저녁의 무게가 말을 눌러 앉히는 시간
아직 피지 않은 국화 몇 송이
채 끝나지 않은 계절이 고개 숙이고

바람의 뒤뜰에 혼자 남아 기다리는 저녁은
편지보다 오래 걸리고

사라진 것들을 불러내는 저녁의 방식은
언제나 너무 조용해
그리움이 먼저 문 열고 들어온 뒤

손끝으로 문장을 읽는 대신
눈빛으로 말 걸면

저녁이 저물어도

나는 여전히 어제의 뒷잔등 아래서
너를 조금씩 늦게 사랑하고 있다

돌배나무 아래

돌배나무 그늘에 숨죽여 앉아 있으면
땅 밑에 무언가 자라는 소리가 들려

다 지나간 사랑이, 지워진 너의 이름이
다시 자랄 수 있다면, 어디쯤 물을 주면 좋을까

그 여름의 일을 말하지 못한 건
여름이 아직도 끝나지 않았기 때문

언젠가 마지막 장마가 끝나면
눅눅한 시간을 어떻게 보내야 할까
돌배처럼 툭, 떨어뜨려야 할까
품고 있다가 썩히는 편이 나을까

가을이 되어 다시 돌배나무 아래 앉아본다

가을엔 돌배나무가 무성한 입을 닫아
바람은 방향을 바꾸고, 여름으로 뒷걸음질 쳐
사과나무는 사과를 떨구는 방식으로 사과하지

더는 아무도 나를 기다리지 않는다는 사실이 위로가 되는 날
 가을 옷장을 정리하지 못했어

 정리는 언제나 나의 몫
 그것을 유예하다 기회를 놓쳤지

 골짝 물들이 못물에 스며들 듯
 이방인의 발길이 낯설게 다가오면 돌배나무는 반갑지 않을까?

 겨울이 왔을 때 비로소 알았어

 과수밭은 혼자만의 여행벽이었다는 걸

 차가움 보다 무정이 더 나쁜 버릇이라는 걸

 그때 처음 알았어

우리 함께 냉천 갈 때

아직도 기억하니
우리 함께 냉천 갈 때
너는 물보다 더 떨고 있었지

물속 돌멩이 사이로 지나가던 말들
그 아래 깔린 웃음과 울음의 비늘들
아직도 기억하니

우리는 속내를 말하지 않았고
발목까지 차오른 물의 체온으로
서로를 오래 쥐고 있었지

그는 가장 차가운 곳으로 먼저 걸어 들어갔어
나는 그가 남긴 물길 따라 걸었지
오래된 문장을 뒤따라가는 미완의 시처럼

우리 함께 냉천 갈 때
그는 늘 반쯤 웃으면서 늘 반쪽은 외면하였지
하지만 그게 내 이름 같았고

내가 가장 사랑한 부름이었지

물살은 빠르고 마음은 느렸어
그는 물을 거슬러 걸었고
나는 물결에 밀려 자꾸 뒤처졌지만
그는 한 번도 나를 놓고 멀리 가지 않았어
걸음은 달라도 그림자는 나란했지

우리 함께 냉천 갈 때
그는 둑에 앉아 돌멩이를 튕겼고
나는 물살을 헤아리며 마음속 한 문장을 완성했지
이 사람을 오래 사랑하겠구나
말로 한 번도 내뱉지 못했지만

그가 떠난 것도 가을이었어
하늘이 더 높아지고 물은 더 깊어졌지만
내 마음은 얕아서 그의 이름 제대로 부를 수 없었지

아직도 기억하니

우리 함께 냉천 갈 때 했던 말들
웃음 사이로 번졌던 나뭇잎 팔랑이는 소리
지금도 냉천 가면 물소리에 섞여 흐르겠지

나는 이제 물가에 혼자 앉아
돌멩이에 말 걸어본다

그가 사라진 자리에 물이 솟고 기억이 고이고
아무도 보지 못한 문장 하나
그 자리에 흐르듯 남아 있는

3부
해가 뜨는 일

맴섬

맴섬* 앞에서 기다렸네

해는 뜨지 않고 발만 동동 구르다 왔어

우리 다시 맴섬에서 만날 수 있을까

연인이 되기 위해선 두 섬 사이에 해가 떠야 한다

연인이 된다는 건

섬과 섬 사이에 다리를 놓는 일

너와 나 사이에 해가 뜨는 일

---

*경남 해남군 갈두항의 땅끝 선착장 앞에 있는 두 개의 바위섬. 갈라진 섬 사이로 떠오르는 해로 인해 대표적인 일출 명소로 알려져 있다.

맛鮮生

뼈가 보이지 않는 작은 멸치는 세멸이다
세멸은 지리멸치 지지리도 작아 볶이거나 조려진다

막 뼈가 난 어린 멸치는 자멸이고 한입에 먹기 좋은 멸치는 소멸이다
대가리 떼고 내장을 빼내야 하는 멸치는 중멸이고
국물용 대멸은 대가리 떼지 않고 그대로 쓴다

중멸을 목 비틀어 분지르고
엄지에 힘주어 등짝을 둘로 나눈다
가지런한 척추와 살이
진도 신비의 바닷길처럼 쫘악 갈라진다

자멸하지 않고 소멸하지 않고 대멸로 살아남아
고래의 먹잇감 피해 지쳤던 시간

그물에 끌어 올려져 뜨거운 김 쏘여 한 번 죽고
육지에 올라와 뼈와 살 햇빛에 쪼그라들어 두 번 죽고

죽어서도 감지 못하는 부릅뜬 눈
비명이 그대로 멈춘 벌어진 아가미

제 몸속 똥까지 온전하게 우려내
국시 한 보시기 보시하는 맛鮮生

펄펄 끓는 들통에 던져지기 직전에
나는 들었다, 철썩이는 파도 소리
말라붙은 지느러미가 내는 신음

돌아갈 항로 없이
바다는 멀리 두고 그릇의 바닥이 된다

땅끝에 가면

땅끝에 가면 만날 수 있을까

그 땅에 남은 것은 뿌리뿐
풀들은 다시 자라겠지만
아무도 그곳에서 쉬지 못한다

밤의 고요는 사람들의 말소리로 깨지고
밝은 달빛에 먼지가 흩어진다

산들바람 지나가고
해무는 그저 한숨만 남기고 가버린다

시간이 흘러 비 오고 나면
한때, 그곳에 대한 기억은
누구도 기억하지 못할 거예요

이 밤, 바람에 실려 가는 먼 소리

갯벌에 물 들어온다

물목에 배 묶어둔 탯줄 따라

눈물 차오르는 물때

땅끝 바다

저문 바다에 닻줄 내리고

다만 잠드는 법을 배우기 위해
모래밭에 일곱의 텐트를 쳤어

일곱 줄기 바람이 동거하면서
땅끝을 흔들었어

새벽에 일어나면 화석처럼 굳어 있는
사내의 흔적을 캐내어 모래밭에 버리면서
바다가 흘리는 눈물을 보았어

눈물은 이내 나뭇잎이 되어 솔숲에 쌓이고
햇빛의 칼끝에 잘려 나가는 세월의 뼈마디마다

탄력 있게 돋아난 풀잎들이
땅끝으로 끊임없이 바람을 날려 보냈어

다시 돌아와 목숨의 안쪽에 피는 향기

꽃게 한 마리
아직 잠들지 못한 이승의 목소리
머리에 이고

땅끝으로 걸어갔어

그리고 그 바다 아무도 찾아오지 않았어

땅끝 걷기

한때는 지는 꽃잎 흩날려도 네 이름 불렀지

손을 뻗으면 닿을 듯하던 시간
저 멀리 물안개처럼 흩어져 가네

너의 웃음소리는 먼 바닷가 파도처럼 흐릿하게 들릴 뿐이야

꽃은 다시 피어나지만
우리가 함께했던 시간은 다시 오지 않아

설령 같은 계절이 찾아온다 해도
그 순간처럼 숨결 마주할 수는 없겠지

나는 묻는다
네가 머물던 자리, 우리가 걸었던 길 위에 남은 흔적은 무엇이냐고

봄바람에 흐드러진 홍매화 꽃잎들은

그 대답을 알고 있을까

 따뜻한 커피 한 모금 입술 적시니 꽃샘추위 오그라든 손끝이 녹는다

 창가에 앉아 땅끝을 본다
 카페인 같은 안개 걷힌 바다 부드러운 햇살 내려앉았다

 땅끝을 걷기 시작한다
 시간이 지나면 또 다른 안개가 어딘가 내려앉겠지만
 한 걸음씩 걷다 보니 하루가 길어지는 기분이다

먼 섬마루에 저녁 해 걸어두고

울렁거리는 옆방 파도 소리 때문에
오히려 푹 잠든 지난 밤

벽에 온통 바다 그림 가득 그려놓고 가버렸네

떠나는 인사도 못 나누고 못내 아쉬워
허겁지겁 바다로 나가보니

짧은 인연만 들락거리는 파도

먼 섬마루에 저녁 해 걸어두고
붉은 물결무늬 흔들고 있네

갈매기 날갯짓마저 느려지는 시간
물 위를 떠도는 배들은 노을 속에서 길을 잃었네

빈 방엔 아직도 짠내 가득 남아 있는데
창문 틈새로 스며든 바람 머물다 간 자국

먼 섬마루에 저녁 해 걸어두고

빈 벽 가만히 쓰다듬어 보네

물방울 같은 것

아침의 겨드랑이에서 쩐내가 난다

이웃집 담장을 뒤덮은 장미 덩굴은
혼자서는 팽팽할 수 없어 서로를 휘감고 산다

발걸음 닿을 때마다 조금씩 얇아지는 날들
구름 사이로 낮달이 더딘 걸음으로 따라오는 길모퉁이

눈썹은 수만 리 먼 데 가서 헤매고
몸보다 먼저 다른 세상을 떠돌다 돌아오지 못한다

쩡쩡 얼어붙은 밤이 끝나고 바람이 멎으면
눈썹은 다른 세상에 가서 눈물 떨굴 것이다

슬픔은 장소를 가리지 않고 내려앉으며
때로는 흩어지지 않고 고여서 깊어진다

눈물로 전기를 만들 수 있다*는데
절망으로도 별 하나쯤 켤 수 있을까

뺨을 타고 흐른 물방울 손바닥에 받아 작은 빛 하나 켜진다면
슬픔을 조금 덜어낼 수 있을지 몰라

눈물이 흘러가 닿는 곳마다 전압이 생긴다면
나는 어느 지점에 가서 전깃불 밝혀
안 보이는 곳 없이 할까

---

*안규철 예술 에세이 『식물의 시간』에서 인용.

달의 입술

밤하늘에 입술이 떠 있어

나뭇가지에 걸려 내려오지 못하고
달의 시간에 따라 입술이 슬프게
일그러질 때가 있어

땅바닥에 누워 하늘을 보면 알 수 있어
눈물이 달의 호수에서 나무를 키우고

사람 사는 마을이 아닌 한갓진 데서
새알만 한 앵두를 키운다는 사실

오랜 상처를 견딘 나무는
밤새 입술의 온기를 받을 자격이 있다고 생각해

입술이 팔뚝에서 어깨와 목선으로
나무 속 울음까지 어루만지고 있어
달빛도 나무의 뺨을 핥고 있어

밤하늘에 걸린 입술은
나무의 이야기를 귀담아 듣고
말해지지 않은 비밀을 속잎처럼 감춘 채
어둑한 물결 아래서 자기 그림자를 안아준다

달의 입술이 만들어낸 공허의 틈을
빛의 먼지로 채우는 일
내가 매일 건너는 삶의 미세한 흔들림

나무는 달의 입술과 함께
별들의 숨결 품고 그 속에서 흘러나온 말의 조각을
밤의 속삭임이 맨 처음 고요로 데려간다

거미줄 놀이

아침 일찍 눈 떠
천장을 가만 살펴보니 거미줄이다

어젯밤 쓰던 글은 어디까지 썼는지
실마리조차 찾지 못하고 자꾸 어긋나는 문장

천장을 다시 보니 거미줄 없다
거미가 눈치 채고 허공에 쳐놓은 줄 거둬간 걸까

허전한 천장의 빈자리가 나를 쳐다본다
거미줄은 어젯밤의 기억일까
엉킨 생각 풀어주려는 길이었을까

거미가 사라진 자리에 시상 한 자락
그대로 남았다
날줄과 씨줄로 글의 실마리 잡고
이리저리 끈을 잇기 시작한다

어떤 말 지우고, 어떤 말 남겨야 할지

사라진 거미가 내게 던지는 질문

거미는 글의 길 알고 있었을까
투명한 실마리 엮어 문맥을 바꿔놓은 걸
미처 몰랐다

전선 피복 벗기듯 손끝으로 거미줄
문지르면 결 고운 언어의 가닥이 나올까

허공에 눈덩이 굴리듯 말에 말을 붙여 굴리는 재미

늘였다 줄였다

어릴 적 즐겨하던 고무줄 놀이한다

몰개의 아침

완도에 와서 다른 아침을 맞는다

옅은 해무가 섬과 섬을 끌어당긴다
소모도와 대모도 사이
물 우에 반짝이는 윤슬

햇빛의 곡괭이로 경작하는 김밭
붉은 공이 줄을 긋고
소안도 가는 바닷길 열어젖힌다

차르르 훔치어 오르는 물방울무늬
자욱한 안개

몰갠가 몰갠가
바다 한쪽 편으로 짐질이 밀려와
말을 걸어온다

밀물과 썰물처럼 왔다가는
인생 부표 같은 전언

당신이 돌아올 시간에 이별이 왔다

오랜 인연은 나름 각별하지만
그는 다시 볼 수 없는 사람

떠나고 없는 이에게 건네는
하소연에 불과할 뿐

이제 잊는 것으로 기억하려네

도토리 산책

꺼슬꺼슬한 볏짚 끝에 맺힌 이슬방울 햇살 한 줌으로 몸을 말리는 고양이 수염 끝에서 은밀히 번지고 있다

한낮의 벌판을 지나는 바람 한 자락 저물녘 돌담에 기대어 우는 산새 한 마리 쉬어간다

오래된 지붕의 이끼조차 세월 읽을 줄 아는 안목은 가시 속 밤송이에 묻혀 있다 때가 되면 터져 나오는 세상이 내린 상수리나무 열매를 발끝에 굴리며

땅끝이 품은 가장 깊은 말씀 하나하나 주워 담는다

청음

바람이 불어온다
아카시아 꽃잎이 작은 소용돌이를 만들며
바스락, 바스락거린다

손을 뻗어 한 송이 잡으려 하지만
꽃은 손끝에서 미끄러지고
붙잡을 수 없는 시간을 여전히 기다리고 있다

그러나 기다림은 처음과 다르다
이제는 무엇을 기다리는지조차 분명하지 않다
그 아이일까, 아니면 기다림이라는 습관일까

멀리서 웅웅 버스 엔진 소리 들려온다
그 소리 따라 고개를 돌린다
창문 너머로 낯선 얼굴들이 스쳐 지나간다

그 중 어느 얼굴이 기다리는 아이일까
애초에 그 아이는 버스를 타지 않은 걸까

그림자 흔들릴 때마다 바람이 낮아진다
바스락, 마른 잎 밟는 소리
꽃그늘이 깊을수록 미립(微粒)은 흩어지고
누군가 내 앞을 스쳐 지나간다

무심코 얼굴 들어 올려다보면

아니야, 기다리는 아이 아니야

기다린다는 건 시간과 맞바꾸는 일
생을 다 소비한
기다림 끝에 무엇이 남았나

햇살이 기울기 시작한다
꽃그늘이 길어지며 발끝을 덮는다

기다림이 아이를 삼켜버리는 건 아닐까

이대로 기다림 속에 갇혀버린다면

어쩌면 떠나야 할지도 모른다

하지만 발이 떨어지지 않아
기다리는 동안 세상은 나를 비켜갔다

아카시아 꽃잎이 또 한 무더기 진다
나도 따라 흩어질 수 있을까

저기, 버스가 온다

나는 한 발짝, 꽃그늘 밖으로

귀를 내디딘다

4부
끝내 들리지 않는 너의 말

곡우

겨우내 닫혀 있던 식물의 혀가 조금씩 풀린다
흙은 언제나 비를 받아들일 준비가 되어 있다

처음부터 기다려온 것처럼
봄은 지난 계절의 기억을 빗물에 헹군다

노란 먼지와 뿌연 공기
바람에 흩날리던 묵은 말들이 비에 씻긴다

사라진 것들 속에는 당신의 목소리가 있다
분명 어딘가 흘러가고 있다

연둣빛 잎은 햇살보다 먼저 몸을 드러낸다
잎맥마다 방금 생겨난 세포들이 두근거린다

잎들은 무언가를 찾아 움직인다
마치 자신을 만든 빛으로 되돌아가는 듯

벅문*

거대한 기중기의 팔이 밤하늘로 뻗어 있다
강철로 된 팔 끝에 걸린 와이어는 섬세한 낚싯줄처럼 보인다
줄 끝에 달이 걸려 있다

달은 스스로 떠 있는 게 아니라
건설 현장 도면처럼 정확하게 끌어올려졌다

거대한 팔은 무언가를 건설하고 있는 게 아니라,
세상의 중심을 조율하는 모양이다

밤의 공사장에서 달을 새로 설치하려는 듯 조심스레 각도를 조정한다
인부들은 보이지 않지만 침묵 속에서 달을 옮기는 기술자
도시의 숨결에 달을 새로 걸어주는 일이 여름밤의 노

---

*7월 보름달은 전통적으로 벅문(BuckMoon)이라고 불린다. 이는 수사슴(buck)들이 매년 이맘때 새로운 뿔(antler)을 돋아내는 시기와 관련이 있다.

동이다

  물에 비친 달과 크레인의 반영이 거꾸로 흔들린다
  거울못 위 정자와 주변 조명은 조연으로 물러선다
  모든 시선은 공중에 걸린 달, 초현실적 풍경에 멈춰 서
있다

  갈고리는 달을 낚는 바늘
  달은 고요한 물고기처럼 걸려든다

  도시의 탑들, 십자가의 빛, 강철 구조물
  밤을 향해 기도하듯 솟아 있다
  기도에 응답하듯 달은 스스로 걸려든다

  바람은 멈췄고, 시간은 느리게 흘러간다
  기중기는 잠시 달을 들어 올린 후 어디론가 옮기고 있다

  다음 밤을 위한 자리로, 혹은 잃어버린 시간을 찾아서
  달 하나 하늘에 걸어두는 일

무릎 베고

무릎 베고 눕는다는 건 말이야
누군가의 고요한 중심에 귀를 대는 일

식빵처럼 부풀어 오른 속살 안에서 익어가는
따뜻한 숨결의 흔적들, 고요한 진동으로
다시 구워져 나오는 일

분꽃은 어쩌면 혀처럼 생긴 사랑의 신경 아닐까
좁은 대롱을 타고 가는 말들은 너무 조심스러워
제대로 도착하기 전에 녹아버려

나는 그 길을 기억하느라 입술을 물고
눈썹 아래 감춰진 거짓을 매만지고 있어

곡선은 세상 속임수보다 더 정직해 보이거든

미스김라일락나무 아래 앉은 그대여
약속 없이 추억은 뒷모습으로 다가와

식빵 온기처럼 나를 기다리고 있어
익명인 채 라일락 가슴 파고들고 싶은 밤에

청음

불빛이 가만 흔들린다

안개가 골목을 삼켜버린다
몸은 눕지도 서 있지도 못한다

그림자는 반쯤 눕는다
낙엽은 봉인된 편지처럼 바스라진다

바람은 담벼락에 글자를 긋지만 읽히지 않는다

등골에 눌러붙은 햇살 한줌

거울 속 얼굴은 반쪽만 남는다
개 짖는 소리, 멈춘 뒤에도 귀는 여전히 시끄럽다
밤은 어깨 위에 내려앉아 아무 말 하지 않는다

길은 무릎 위로만 흘러가고 귀에는 없는 종소리가 번져오고
허공은 오래된 스피커처럼 잡음을 토해낸다

벽 틈새에서 부서진 음절들이 새어 나온다
침묵은 무거운 북소리 가슴 두드린다

어둠은 귀청을 삼키며 울음을 은폐한다

산산조각 쏟아지는 빗소리
길다랗게 웅크려 젖는 귓바퀴 없는 달팽이

한갓진데 우뚝하니 선 채로 듣는

귀가 들리지 않을 때, 비로소
들리는 앉은제비꽃 떠드는 소리

청음

손끝에서 작은 바람 소리 일어났다
곧 아무것도 들리지 않았다

손으로 분명 무언가를 전하려 했지만
오히려 더 깊은 침묵을 느꼈다

소리 없는 손짓이 어떤 말보다 커다랗게 울렸다

알 수 없는 비가 내린다
지붕을 두드리는 듯했지만 소리는 금세 사라졌다

귀를 기울이면 기울일수록
세상은 고요의 벽만 두껍게 세운다

빗소리보다 비가 멈춘 자리가
더 크게 다가왔다
손가락에 걸린 쓸쓸은
바람처럼 스치는 소리를 내는 듯
귓속 어딘가에서 작은 공명이 생겼다가

울림마저 곧 가라앉는다

들으려는 마음이 커질수록 소리는
점점 더 멀어진다

젖은 땅 위로 빗방울이 똑똑 떨어지다
그조차 멈춘 후의 적막이 엄지를 감싼다

방금까지 들리던 소리가 이렇게 아픈 줄 몰랐다
침묵은 비보다 더 무겁게 내린다

귓가에 스쳤던 바람 소리는 어느새 사라지고
남은 건 손가락의 고요뿐

나는 고요를 들으려 애써 귀를 열지만
너의 손잡는 순간,
세상은 소리를 잃었다

들리던 모든 것이 꺼지고

손의 체온만이 미세한 진동처럼 남았다

진동이 전해주는 소리는
끝내 들리지 않는

너의 말

녹우당

어초은 사당은 등 돌린 채 여름을 듣는다

은행나무 잎사귀 담을 넘는다
뿌리는 담 안에 발을 묻고 잎은 하늘과 담 사이 어디쯤 팔을 흔든다

돌담 아래 풀들도 제 자리 알고 고개 낮춘다
돌과 풀 사이에 묵은 시간이 눌어붙어 산다

담은 경계가 아니고 품
오고 가는 것을 닫지 않고 받아들이는
돌계단 위 잠시 머물렀던 무게

은행잎 하나 천천히 돌담 옆으로 내려앉는다
녹우당은 뒷모습으로 말을 걸며

담은 말을 아낀다
지나간 발소리도 담 너머로 넘긴다
겹겹의 기와가 서로를 향해 기울어 앉아 있다

연못의 구조

겹처마란 얼마나 섬세한 구조인지
부드럽게 휘어진 곡선 바람 품고 비 흘려보낸다

무게를 이겨내기 위한 구조가 이렇게 아름다울 수 있다는 것
곡선의 끝에 담긴 바람과 비를 받아낸 지붕
누각 아래 돌로 쌓은 원형 기단이 연못 속 섬처럼 솟았다

침묵으로 비워놓은 못가에 앉아 누군가 시를 읊었겠지
누군가는 말없이 물고기와 눈 마주쳤을지도 몰라

정리된 시간이 아직도 그곳을 떠나지 않은 듯
연못 가장자리 돌길 따라 천천히 걸었어

발밑에 못물 찰랑거리는 소리
연꽃이 흔들리는 건 내 탓이 아니라 바람이 부는 탓

지나가는 발걸음조차 오래 풍경을 기억할 것이다
자연은 모든 흔적을 간직하는 법을 알고 있어

탁하지도 맑지도 않은 물이
흘러간 바람의 세월 고스란히 끌어안고 있는

연못은 풍경을 담는 것이 아니라 풍경이 되기를 기다리지
꽃이 피어나기를, 잎이 흘러가기를, 물속 그림자가 무너지고 다시 세워지기를

누군가의 발소리 물결을 만들기를

머위

냉장고 안에 며칠 쟁여둔 머위
아직도 푸르다

물에 담가 헹구고 데치는데
쓴맛은 사라지지 않는다

그 맛은 외갓집 마루에서
비 오는 날 데쳐주던 외할머니의 손맛

삶는 동안 머위의 잎맥을 살핀다
손끝으로 전해지는 감촉은 피부 같고
누군가 팔뚝, 우산 속 이마, 지나간 사랑

잎맥은 말없이 많은 것을 품고 있다

머위를 씻는 일이 어쩐지
어매가 할매를 정성껏 돌보는 일 같다

머위는 자신을 스스로 증명하지 않는다

그저 잎으로, 꽃으로, 먹을거리로 세계의 얇은 막은 막 위에 걸려있다

나는 얼마나 단단하고 얼마나 부드러운가
살아가는 일은 늘 그 사이를 오가는 일

머위는 쓴맛도, 얼룩도 그대로 견딘다

그 쌉싸래함을 삼키며 깨닫는다
삶은 쓴맛까지 함께 삼켜야 완성되는 것

다 먹은 뒤에도 머위는 남는다

내 안 기억 속에

이듬해 봄
다시 피어날 자리에

연동

가까스로 연두가 세상을 덮어도
내 안 어딘가는 문을 걸어
잠근 채 주저앉아 있다

비 내리는 오후
환한 잎사귀들 사이로
홀로 잿빛의 이름
되뇌인다

세상의 봄은 앞서가고
뒤에 남는 사람이 있다

내게도 봄이 아직 머뭇거리고 있다

유리창에 흐르는 물줄기 따라
눈길을 내리깔면 빛나는 것은
물방울 너머 세상뿐

나는 그저 그 물결의 반대편에 서 있다

차마 건너지 못하는 마음이
오늘따라 더 또렷해진다

봄을 쫓아 연동에 와서
에스프레소 한 잔 주문한다

잔은 작고 향은 깊었다
비가 내리는 날의 에스프레소는
어떤 시보다 농밀하다

혀끝을 스치고 지나간 쓴맛이
곧장 가슴 언저리에 자리 잡으면
봄의 끝자락이 앉은 기분이다

문밖은 점점 더 적막해지고
빗방울이 유리창 두드리던 소리마저 멈춘 듯

누구도 붙잡지 않았고

누구도 보내지 않은 봄이
그토록 조용히 물러가고 있다

채소잎 같은 날들이
내 안에서 자라는 것을 지켜보는
연동의 오후

빗줄기는 더 굵어졌고
아무도 보이지 않는 길 위로
혼자 가는 봄날을 천천히 배웅한다

여전히 그 자리에 있을 조금은 잿빛이고
조금 더 연두이고

어딘가 아직 다 피지 않은 채

그것으로 충분하다는 것
밤이 오기 전에 알게 되리라

못 하나

에라, 사내가 그것 하나 못하나*
한겨울 장작보다 뜨겁고
된장보다 깊게 스며드는 말
못 하나 박지 못한 죄로
밥상머리에서 밥알보다 작아졌다

못보다 더 깊이 벽에 박힌 나
때없이 박아대는 아내의
손끝에서 내 체면과 자존심이
망치 소리에 맞춰 타닥타닥 으깨졌다

망치는
사내라는 이름의 허풍과 허기를
냉철히 내려치는 흉기
벽에 박힌 못 하나에 뼛속까지 아플 줄이야

결혼 십년 차의 상징 같은 못

---

*정대구의 시 「못대가리」에서 빌려옴.

못난 나에 대한 낙인 같은 거
똑바로 못 하나 못 박는 사람이
어떤 생인들 똑바를 수 있을까

백번 옳은 아내 말,
맞다는 건 늘 아픈 방식
못을 똑바로 박기보다
말을 똑바로 듣는 게 더 어려운 법

생은 여전히 벽보다 더 기울어져
거울을 들여다보니
납작해진 머리가 망치에 찍힌 철판이다

생각은 펴지지 않고
말은 눌려서 나오지 않고
나는 점점 평면이 되어간다

아내는 말끝마다 못질을 해댔다
"그게 사내야?"

"이것도 못해?"
그 소리는 망치보다 단단했고
결혼식에서 들었던 종소리보다 오래 울렸다

나는 이제 망치 소리에도 화들짝 놀란다
이웃집 공사 소리가 아니라
내가 또 뭔가 잘못한 줄 알고

어쩌다 사내라는 단어가
이렇게 구멍 뚫린 자존심이 되었을까
못 박는다는 건 벽을 꿰뚫는 일이고
벽은 어쩌면 자존심이었다

나는 지금껏 어디에도
제대로 못 하나 박지 못하고 산 건 아닐까
그럴듯한 가장 노릇,
그럴듯한 사내 행세만 해온 건 아닐까

가끔 아내가 못을 똑바로 박는 걸 보면

괜히 짜증이 나기도 한다
왜 저렇게 잘하나
왜 나는 저걸 못하나

그래도 오늘은 벽걸이 시계를 걸었으니
못 하나에 오늘 하루만큼은 덜 흔들릴 수 있겠다

저녁, 맥주 한 캔 들고 못을 바라본다
아내가 박은 거지만 그 못 위에 걸린 시계는 우리 둘의
정다운 시간이 흐른다
망치질은 끝났고, 벽은 버텨주고 있다

사내로 산다는 건
이렇게 조금씩 못에 머리를 대보는 일인지도 모른다

무지개

 무지개는 사막에서 오고 아이들은 사막으로 간다. 발걸음은 모래무지 위에 흔적 남기고, 해 저물 때마다 오렌지빛 그림자 길게 늘어진다. 바람은 머리칼 어지럽히며, 원주율로 흩어지는 색채를 쫓는다. 뜨거운 태양 아래에서 뿜어져 나오는 그 빛! 상상의 물결 타고, 연기처럼 사라지기도 한다. 사막의 모래 위에 선 아이들은 무지개를 손에 담으려 애쓴다. 각각의 색은 웃음 속에 녹아들고, 찬란한 오아시스를 만들어낸다. 무지개가 물결처럼 흘러내리며, 사막의 고요 깨뜨리는 소리 없는 음악이 퍼져간다. 아이들은 장미꽃 씨앗 뿌리고, 다시 피어날 날 기다린다. 밤이 찾아오면, 별들이 하늘에 모여들고, 아이들은 구름 위에서 춤 추고, 신비로운 음표가 공중을 떠돈다. 서로 손 잡고, 영원히 사라질 것 같은 순간을 붙잡으려 애쓴다. 바람은 속삭이고, 사막의 모래알이 우주와 하나가 된다. 사막의 넓은 품 안 무지개는 계속 펼쳐지고, 아이들은 색채를 하나하나 빨랫줄에 넌다. 무지개는 유리처럼 깨끗하게 마르고, 색깔이 서로 얽힌다. 오래된 시계가 저절로 돌며, 바람 소리 속에 숨겨진 노래가 퍼진다.

 사막의 모래는 별의 속삭임, 불꽃 없는 불꽃놀이

닫히지 않는 문장

말의 끝을 맺지 못했다
쉼표는 입술을 다물었고 마침표는 눈을 피했다
그때부터 문장은 닫히지 않았다

나는 늘 문장의 중간에 머물렀다
감정은 인용부호 밖으로 넘쳤고 기억은 줄 바꿈 없이
이어졌다

비문이 된 하루가 쌓여 나조차 해석할 수 없는
문장이 되었다

어느 접속사도 감당하지 못할 정도로
밤마다 혼잣말로 문장을 이어 썼지만
그건 늘 너에게 닿지 못하는 부록
메인 텍스트는 네가 떠난 이후 멈춘 상태

사람들은 문장을 다듬으라 했고
이젠 잊으라고 했지만 나는 여전히 네 이름을
미완의 구문 안에 품고 있었다

(너는)
(그날)
(우리는)

괄호는 점점 늘어나고 말 꼬리가 사라져
이제는 문장인지 묵언인지조차 구분할 수 없게 되었다

나는 그 미완을 견뎠다
닫히지 않는 문장은 끝나지 않은 마음의 또 다른 형태
니까

한 문장이 끝나지 않음으로써 하루가 계속될 수 있듯이
괄호는 여전히 너를 품고 있는 나의 방식이야

붓꽃

붓꽃은 대지가 쥔 붓

바람이 지나가면 획이 그어지고
햇빛이 스며들면 잉크가 번진다

강가에 늘어선 붓꽃 군락은
거대한 원고지의 푸른 줄
보랏빛 꽃잎은 쉼표나 마침표다

떨어진 꽃잎은 여백이 되고
씨앗은 또 다른 문장의 서두가 된다

시인은 붓꽃 앞에서 읽는 자일 뿐
파도는 행서, 나뭇잎은 초서,
붓꽃은 정갈한 해서체다

적벽을 묵묵히 필사한다
너른 대지에 먼저 써둔 문장을
겨우 흉내 낼 뿐이라도

한 자루 필생의 붓으로 베껴 쓴 시
압화(押花)처럼 어느 책갈피에서
되살아날 것을 믿는다

그것을 간절이라 부르련다

간절곶 아래 붓꽃 한 송이 파랗다

파도 닮아 파랗다

발문

소리의 경계에 귀를 대는 간절함

이하석(시인)

소리

박상봉의 시에는 소리에 대한 머뭇거림과 두근거림이 있다. 소리의 결이 잔파도처럼 일고 있다. 모든 소리에 솔깃해서 그 각성과 정서가 다채롭게 드러난다. 「묵음의 방식」이나, 「청음」 등의 시에는 그의 숨결처럼 흐르는 소리의 파장이 미묘하게 일렁인다. 시집 원고를 쭉 훑어봐도 소리의 결이 빈번하게 나타남을 볼 수 있다.

오랜 세월 말귀 알아듣지 못했소
「이명」

빗소리가 나를 듣고 있다.
「빗소리의 잠언」

귀로 듣던 세상의 온갖 소리
손끝으로 더듬어 읽으며
「물소리 생태숲」

비브라토 울음 우는 하얀 꽃잎이
눈물 떨구는 소리 들었는가요, 당신

「화양연희」

나는 늦된 아이
장갑 낀 손 움켜쥐듯 말을 품고 살았어

「내가 아이일 적에」

저녁의 무게가 말을 눌러 앉히는 시간

「저녁의 점자」

사라진 것들 속에는 당신의 목소리가 있다

「곡우」

밤하늘에 걸린 입술은
나무의 이야기를 귀담아듣고

「달의 입술」

무릎 베고 눕는다는 건 말이야
누군가의 고요한 중심에 귀를 대는 일

「무릎 베고」

어초은 사당은 등 돌린 채 여름을 듣는다

「녹우당」

들으려는 마음이 커질수록
소리는 점점 더 멀어진다

「청음」

누군가의 발소리 물소리 만들기를

「연꽃의 구조」

 박상봉의 소리에 대한 관심은 삶의 경험과 이어진 듯하다. "나는 늦된 아이/ 장갑 낀 손 움켜쥐듯 말을 품고 살았어"라는 말에도 그 이유가 묻어난다. 어쨌든 그가 그런 경험과 별도로―또는 그 경험의 심화로―특별하게 여기는 '소리'를 통해 꿈꾸는 건 대상과의 완전한 소통, 또는 서로간의 온전한 통함이 아닐까? 심정적으로 또는 정서적으로 서로 베어듦을 통해 뜻이 밝아지는 것이라면 굳이 말(언어)로 할 게 뭐 있겠는가? 그러나 그는 언어를 통해 세계를 드러내는 시인이다. 모든 구조와 존재와 공간의 삶을 언어화하는 사람이기에 고민이 깊은 듯하다. 그런 점에서 그는 언어와 묵음의 경계 선상에서 서성대거나 춤추는 이며, 손짓하는 이다. 그건 시인의 숙명이기도 하다. 삶은 언제나 '불 꺼진 너의 단어 곁에 있다'고 말하는데, 그런 '말(단어)' 없이도 삶은 '살아지'고 '통해진다'는 걸 꿈꾸면서도 그것을 언어로 세계화하는 숙명 앞에 안절부절 못하는 것이다. 그가 '어떤 마음은 말이 되는 걸 거부한다'고 강조하는데, 이는 시를 의심하는 게 아니라 시를 택한 어려움을 토로하는 것이 아닐까?

> 어떤 밤은 불 켜지 않아도 데워진다
> 어떤 문장은 읽지 않아도 종소리 울린다
>
> 말하지 않은 고백의 뒷면 같은
> 문장은 늘 타이밍을 잃고 도착한다
> 그래서 말이 늦었을 뿐
> 사랑이 아니었던 건 아니다
>
> (…중략…)
>
> 어쩌면 우리는
> 같은 문장을 서로 다른 시간에 읽는 사이일지 모른다
>
> 말을 잃고 나면 다른 문장 끓는다
> 문장 없이도 사랑할 수 있다는 것을 알게 된
>
> 나는 여전히

불 꺼진 너의 단어 곁에 있다

「불 꺼진 너의 단어 곁에서」 부분

그의 많은 시는 연애 감정의 두드러짐이 인상적인데, 그 사랑은 '사랑은 꼭 말로 해야 하나?'라는 반문의 감정으로 엮이고 얽히지만, 결국은 언어를 통해 드러내져야 함을 힘겹게 인식한다. 이는 실제와 언어의 괴리를 늘 고심하는 시인의 화두이다. 그는 이런 질문을 통해 침묵과 말하기의 세계를 구체적으로 의식한다. 그는 '말하는 것'과 '듣는 것'의 구조를 헤아리면서 서로 통함의 언어를 꿈꾸는 낭만적인 연애 시인이라 할 수 있겠다. 아무튼 그의 소리의 미학은 동시에 침묵의 미학이라고 할 수 있겠다. 무엇보다, 그는 말하려 하고 들으려 하는, 시인인 것이다.

간절의 시학

박상봉의 이번 시집은 『카페 물땡땡』, 『불탄 나무의 속삭임』, 『물속에 두고 온 귀』에 이은 네 번째 시집이다. 그를 알고 지내온 시간이 많음에도 불구하고 나는 그의 시 쓰기가 오랜 침묵을 거쳐 늦게 이루어졌음이 무슨 까닭에서인지 궁금해 한다. 그는 1981년 '국시' 동인으로 얼굴을 내밀었다. 박기영, 안도현, 장정일 등이 함께 한 멤버들이다. 1985년 경 대구 봉산동에 '시인다방'을 운영,

젊은 문인들의 사랑방 역할을 도모했다. 당시로서는 드물게 문화공간을 겸하면서 요즘 식의 북 카페를 운영했던 것이다. 이른 시기부터 그는 문화기획자로서의 자질을 유감없이 드러냈다.

그런 그가 첫 시집을 낸 게 2007년이었다. 마흔아홉의 늦깎이로 모습을 드러낸 것이다. 첫 시집 출간 후 또 한참을 머뭇대다 14년이 지난 예순을 넘긴 2021년에 두 번째 시집을 낸다. 이때만 해도 그의 문학은 여전히 시작을 머뭇거리는 애매한 태도를 버리지 못한 상태였다. 그러나 2023년 세 번째 시집 『물속에 두고 온 귀』에 이르러서야 그의 시가 엄청난 변화를 보여주면서 자신만의 확실한 세계를 피워 보인다. 한 대담에서 그는 이 시집이 "20대나 10대 이전의 기억들이 반추돼 나타나 있고 때때로 가족 서사의 양식으로 배치돼 있다."고 밝혔지만, 세계를 바라보는 시각들이 비로소 안정적으로 구조화되면서 자신만의 독특한 시선들이 눈 뜨기 시작했음을 보여주었다.

"나의 시는 상당 부분 지나온 것, 사라진 것에 뿌리를 두고 있지요. 지난 일에 대한 그리움, 아쉬움, 뉘우침 등의 감정을 불러옵니다. 어쩌면 나는 사랑으로부터 멀리 도망간 사람일지도 모릅니다. 나의 사랑은 늘 일정한 간격을 두고 먼발치에 있습니다."

같은 대담에서 밝힌 세 번째 시집의 변이다. 어쨌든 시집 『물속에 두고 온 귀』 이후 그의 세계는 과거의 미래화라는 시각을 드러내기 시작한다. 이와 함께 그는 흡사 시마에 걸린 이처럼 시들을 쏟아내다시피 했다. 이번에 나온 시집은 그 결과물의 일부다. 그의 소리의 민감성은 세 번째 시집과 이어진다고 했는데,「물에 잠긴다는 것」의 마지막 연인 "바다 깊은 물 속에 두곤 온 귀는/ 아직도 찾지 못했다는데// 물에 잠긴 귀가 듣는 소리는/ 아이들 우는 소리만 들린다"를 보다 심화하고 증폭하면서 변주한 것일 터이다. 그는 이 시를 '귀(청력)를 잃고 듣지 못하는 시련을 겪어낸 화자가 바로 나의 어린 시절의 모습'이라고 했다. 이번 시집은 그가 비로소 고개를 들고 불확실한 소리의 세계를 뛰어넘어 확실하게 말하기 시작한 세 번째 시집의 세계를 확장하고 심화한 것이다.

거듭 말하지만, 그의 시는 대부분 연애 감정의 파문이다. 사물이든 풍경이든 결국 인간의 모습을 대하든 그의 눈길은 그리움과 연민에 젖어 있다. 사물이든 풍경이든 결국 인간의 모습이든 서로 소통하려는 꿈의 구조로 드러난다. 소통하면서 서로 한 풍경 속에서 일체화를 이루는 것을 꿈꾸는 것이다.

비 내리는 창가에 앉아
고요히 사색에 빠져보면 안다

빗소리가 한갓진 데서 새도 열매도 키워내며
나무를 자라게 한다는 사실

두물머리 쪽으로 느릿느릿 떨어지는 노을이

비를 데리고 왔다

빗소리가 나를 듣고 있다

가깝거나 먼 상념을 뒤적여도 좋을 젖은 시간
두 손 바들거리며 허공을 잡은 꽃이 벽을 기어오른다

「빗소리의 잠언」 부분

 그래, 박상봉은 소통을 통해 대상과의 일체화를 꿈꾼다! 그 감성은 빗소리처럼 귀를 통해 젖어든다. 서로 베어드는 그 젖음의 정서가 서로를 긍정적으로 물들인다는 것이다. 그리하여 이런 일체감이야 말로 새든 열매든 나무든 '키워내며' '자라게' 하는 원동력이라 믿는 것이다. 언어는 그 예민한 매개체이다. 비록 '허공을 잡은 꽃'이지만, 결국은 그 손아귀의 힘으로 벽을 기어오르는 것이 가능한 것은 일체화를 이루어내기 위해 '손아귀'에 힘을 주는 지극한 마음이 작용하기 때문이다. 이럴 때 가장 긴요

한 게 간절함이다. 간절은 매우 지성스럽고 절실한 것이다. 그는 자연이든 사물이든 사람이든 그 소통과 교감에는 간절함이 절실하게 작용해야 함을 믿는다.

  박상봉의 시는 간절함으로 쌓은 사랑의 탑이다. 이를 통해 대상과의 일체화와 언어의 민감성을 고조시키고 있다. 그의 모든 연애의 말이 절실하고 민감한 것은 그 소통을 바라는 간절함의 몸짓에서 비롯되는 것이다. 그가 시집 끝에 그 뜻을 새기듯이 다음의 시를 배치한 까닭을 우리는 그렇게 이해한다. 아무튼 간절함의 힘으로 그의 시가 일어나 더 큰 사랑의 일체화가 이루어질 것을 믿는다.

    한 자루 필생의 붓으로 베껴 쓴 시
    압화(押花)처럼 어느 책갈피에서
    되살아날 것을 믿는다

    그것을 간절이라 부르련다

    간절곶 아래 붓꽃 한 송이 파랗다

    파도 닮아 파랗다

「붓꽃」 부분

박상봉 시인

1958년 경기도 양주에서 태어났으나 출신지는 경북 청도다. 1981년 『시문학』 추천을 받았으며, 박기영·안도현·장정일 등과 동인지 『국시』로 문단 활동을 시작했다. 1985년부터 5년간 북카페·문화공간 '시인다방'을 경영하면서 문화기획사로 활동했다. '산아래서 詩누리기'를 비롯한 '시인과 독자의 만남'을 200회 이상 기획·진행했고, 서울·대구·구미 등 여러 지역에서 다양한 문학 활동과 문화운동을 펼쳐왔다. 시집으로 『카페 물땡땡』 『불탄 나무의 속삭임』 『물속에 두고 온 귀』를 펴냈으며, 『물속에 두고 온 귀』로 제34회 대구시인협회상을 수상했다.

박상봉 시집

불 꺼진 너의 단어 곁에서

1판 1쇄 찍은 날 2025년 12월 19일
1판 1쇄 펴낸 날 2025년 12월 26일

지은이 박상봉
펴낸이 김완준

펴낸곳 모악

출판등록 2016년 1월 21일 제2016-000004호
이메일 moakbooks@daum.net

ISBN 979-11-88071-84-5 03810

* 물개는 모악의 임프린트입니다.
* 이 책의 내용을 재사용하려면 모악의 서면 동의를 받아야 합니다.
* 이 책은 서울문화재단 '2024년 장애예술인 창작활성화 지원사업'의 지원을 받아 발간되었습니다.

값 12,000원